AF246126

ÉCOLE

DU

SUFFRAGE UNIVERSEL

PAR

VERUM

Vouloir réaliser le progrès au moyen d'un corps électoral qui agit sans savoir ce qu'il fait, c'est affirmer sans rire, la possibilité de bâtir en l'air.

PARIS

EN VENTE CHEZ M. EMILE COSTEDOAT

RUE DU RENDEZ-VOUS, 14.

1882

AUX CITOYENS FRANÇAIS

UN AMI DE LA FRANCE

MOYENS A EMPLOYER

POUR ÉCLAIRER LE SUFFRAGE UNIVERSEL

Suffrage universel ignorant !
Agir sans savoir ce que l'on fait !!
Arrêtons un instant notre pensée sur ces mots et tâchons de bien sentir les promesses désastreuses qu'ils renferment.

Agir sans savoir ce que l'on fait, même dans les questions vitales pour le pays !

Aurions-nous le droit d'être surpris si l'électeur ignorant obéissant aux diverses impulsions reçues, votait successivement et dans la même année, pour toutes les couleurs de l'arc-en-ciel?

Non n'est-ce pas ?

Et cependant que faisons-nous pour conjurer les périls mortels et toujours imminents qui découlent de l'ignorance?

Rien absolument.

Se propose-t-on du moins de faire quelque chose pour éclairer la génération actuelle?

Nullement, mais on réserve tout son bon vouloir pour les générations qui vont suivre et là encore, je le démontrerai plus loin, les hommes de bonne foi se bercent d'espérances chimériques.

« Ouvrons des écoles ! » tel est le cri général, « et lorsque

» tous les électeurs sauront lire et écrire, la République sera
» sauvée. »

A cela, je réponds :

Ouvrir des écoles, c'est fort bien ; refaire les programmes et
les méthodes d'enseignement, encore mieux ; mais conclure de
ce qu'un électeur saura lire et écrire, qu'il pourra désormais,
voter en connaissance de cause, n'est-ce pas se montrer inca-
pable de constater dans leur vérité, les choses qui sont en per-
manence sous nos yeux ?

Que voyons-nous en effet ?

Nous voyons d'abord que la plupart des électeurs qui n'ont
appris qu'à lire et à écrire, ne sont pas plus éclairés en politique que les illettrés.

Il n'est pas rare ensuite, de rencontrer des hommes dont
l'extérieur annonce une certaine culture intellectuelle, des
hommes qui ont fait preuve d'intelligence dans la gestion de
leurs affaires privées et qui cependant, ignorent même la
signification des mots qui reviennent à chaque instant dans
les conversations politiques.

Et pour terminer par un argument malheureusement aussi
réel qu'invraisemblable :

Cette élite de la jeunesse française, ces jeunes gens qui sor-
tent des colléges avec des diplômes variés, qui demain seront
électeurs, que savent-ils en politique ?

Absolument rien, en général.

Vous voyez donc bien qu'il ne suffit pas de savoir lire et
écrire pour être capable de voter avec discernement.

« Mais, » dira-t-on, « il est sérieusement question de remé-
» dier à tout cela; on se proposerait de faire, à l'école primaire,
» l'éducation civique des électeurs futurs. »

Je réponds :

1° En attendant les résultats lointains de l'école, la République restera donc à la merci de l'ignorance des électeurs ac-
tuels ?

2° Les ouvriers ignorants entrent pour les neuf dixièmes, au
bas mot, dans la composition du corps électoral et les enfants
de ces ouvriers quitteront généralement l'école primaire, vers
l'âge de quatorze ans, juste au moment où la raison commen-
çant à poindre, il eût été possible de procéder avec quelque
fruit à leur éducation civique.

Sous ce rapport par conséquent, ces enfants, au sortir de l'école, seront aussi ignorants que leurs parents et si plus tard, ils éprouvent le besoin de savoir, ils devront s'instruire eux-mêmes.

3° Si nous attendons que le prolétaire aux prises avec les nécessités de l'existence, acquière PAR LUI-MÊME les connaissances indispensables à l'électeur, repassons à la dixième génération qui va suivre et nous retrouverons probablement le suffrage universel à peu près aussi ignorant qu'il l'est aujourd'hui.

Mais si nous faisons fausse route, me direz-vous, quels seraient donc à votre avis, les moyens à employer pour obtenir des résultats meilleurs ?

Si je disposais du mécanisme gouvernemental de la France, si seulement je possédais l'influence inhérente à la Présidence de la République française, je voudrais en peu de temps, par des moyens bien simples, sans effort de génie aucun, asseoir la république sur des bases inébranlables; je voudrais, avant dix ans, inaugurer en France la civilisation véritable qui n'a pas encore paru sur la terre, cette civilisation qui prendra pour devise :

« Raison et morale dictée par la saine raison, » guerre à tous les charlatanismes en général et » au charlatanisme des prêtres quels qu'ils » soient, en particulier; fin des religions par la » liberté, par la lumière et par le droit commun » pour les prêtres de tous les cultes. »

Pas de persécution surtout, oh non, certainement !

Et pour obtenir ces magnifiques résultats, je me dirais d'abord :

Qu'est-ce que c'est que la sagesse ?

C'est le fruit de l'expérience.

Qu'est-ce que c'est que l'expérience ?

C'est le souvenir bien senti des leçons du passé.

Qu'est-ce que c'est que le passé d'un peuple ?

C'est son histoire.

Un peuple qui ignore son histoire perd le fruit des leçons les plus désastreuses et marche aveuglément, fatalement, à la catastrophe finale et irrémédiable.

Je ferais donc un livre pour enseigner l'histoire et comme les faits constituent les arguments les meilleurs, ce livre ne serait qu'un recueil de faits incontestables, choisis parmi les plus efficaces pour inspirer au lecteur, la haine des monarques, des nobles, des prêtres, de tous les ennemis de la liberté et de la justice en général.

Je ferais suivre ce recueil, de l'exposé des enseignements qui découleraient de ces faits.

Je me dirais ensuite :

L'erreur ne produit que des résultats funestes, la vérité honnête seule est féconde pour le bien.

Or, nous ne sommes en général, que ce que l'éducation nous a faits, puisqu'il faut plus d'intelligence et d'énergie pour secouer un préjugé que pour accepter dix vérités reçues et l'éducation monarchico-cléricale nous a faits ainsi, que nous respirons l'erreur à pleins poumons.

Oui en vérité, tout est faux dans notre société.

Nous ne vivons que pour le culte de la forme et des apparences, nous négligeons sans cesse le fond et la réalité.

Pour nous, les mots et les hommes sont tout, les actes et les institutions ne sont rien.

Nous ne prisons que les choses de l'imagination, de l'esprit et du sentiment ; les choses de la raison sont nourriture trop substantielle pour nos cerveaux débilités.

Un néologisme qui forcera bientôt les colonnes du dictionnaire de l'Académie dit bien le souci constant de tout Français convenablement pénétré de l'éducation nationale ; ce mot, vous l'avez deviné déjà, c'est le verbe « épater », c'est-à-dire étonner les populations par l'attitude, le geste, les jeux de physionomie, la phrase, etc.; usurper en un mot, la considération par des formes et des apparences qui ne reposent sur aucun mérite réel.

Il faudrait donc redresser et retremper les intelligences faussées et affaiblies et pour cela, je ferais un livre destiné à inaugurer **le culte du vrai**.

Le monopole de la vérité n'appartenant à personne, je me borne à consigner ici, pour ma part, quelques pensées que je voudrais retrouver dans ce livre.

Ces pensées, les voici :

Ce qui constitue la base de l'intelligence humaine, ce qui

fait la supériorité de l'homme sur les autres animaux, là supériorité de l'homme sur l'homme, des peuples sur les peuples, suivant l'usage qu'ils en font, c'est le don d'envisager les questions sous tous leurs aspects pour chercher la vérité, le don de remonter aux causes et de prévoir, c'est cette faculté que nous désignons par les mots : **Raison, raisonner.**

La nature a mis partout le pour et le contre côte à côte : à côté du feu elle a mis l'eau, à côté du poison, le contre-poison, etc. ; à côté de la raison qui doit nous guider dans le chemin de la vérité, elle a placé l'imagination, la mère des exagérations, des illusions, des chimères, de l'erreur en un mot.

Faut-il conclure de là que nous devrions tenir l'imagination pour un présent inutile sinon funeste ?

Non certes ; les choses de l'imagination seront le délassement de la raison comme les choses de l'esprit en sont l'assaisonnement, à la condition toutefois, de ne jamais perdre de vue leur mérite réel.

L'homme est éminemment perfectible en bien..... et en mal aussi ; il a des instincts infiniment plus mauvais, plus erronés que ceux des autres animaux et lorsqu'il oublie de faire usage de sa raison pour se soustraire à leur influence, il tombe généralement au-dessous de la bête.

Il n'y a pas d'effet sans cause; c'est à l'oubli des conseils de la raison, par conséquent, que l'humanité doit attribuer la plupart des maux qui l'accablent.

Faisons donc usage de notre raison et nous serons récompensés par l'enchaînement logique des faits.

Je dirais à tous :

Aimez les conversations et les lectures sérieuses,

Observez,

Réfléchissez,

Recherchez les entretiens des hommes réputés instruits,

Sachez écouter et sachez vous taire,

N'allez pas, par vanité présomptueuse, vous prononcer sur des questions que vous ignorez, sinon vous vous exposeriez à dire des énormités et croyant mériter de l'intérêt, vous ne seriez que ridicule et agaçant;

Raisonnez toujours utilement, honnêtement, c'est-à-dire, envisagez les questions sous tous leurs aspects, *sans parti pris, sans passion*, en ne vous inspirant que du désir de trouver la vérité.

Une situation mauvaise étant donnée, remontez à ses causes et cherchez les moyens pratiques pour la conjurer et en prévenir le retour.

Un but étant donné, tâchez de prévoir toutes les difficultés, tous les obstacles et préparez les moyens pratiques pour les vaincre; une fois à l'œuvre, procédez avec calme, avec une activité méthodique, avec la persévérance qui rend capable d'œuvres de longue haleine, avec la ténacité qui fait surmonter les obstacles.

N'oubliez jamais que la vérité réside dans la mesure, qu'elle est par conséquent, incompatible avec l'exagération.

Les conventions humaines ne sont pas la vérité, puisque ce que nous considérons comme vrai, nos voisins peuvent le tenir pour faux.

La vérité réelle s'impose également partout. Ainsi, deux et deux, par exemple, font quatre en tous pays.

La nature, qui nous a faits, ne nous permet pas de faire mieux qu'elle; donc la vérité nous sera révélée par l'étude des lois de la nature.

Ne permettez jamais à un homme, *quel qu'il soit*, de vous imposer comme article de foi, ce que votre raison réprouve.

Ne croyez que les vérités démontrées.

Aimez la vérité *pour elle-même* et souvenez-vous que son mérite est indépendant des lèvres qui l'énoncent.

L'homme passe, la vérité reste.

Secouez par conséquent, ce préjugé funeste si répandu chez nous, qui nous porte à mesurer la valeur des choses dites, à la surface de leur auteur.

Ne vous laissez influencer ni par les attitudes, ni par les gestes, ni par les jeux de physionomie, ni par la rhétorique plus ou moins châtiée de votre interlocuteur, *quel qu'il soit*; n'oubliez jamais que ces formes et ces apparences ne sont pas des raisons, non plus que les affirmations et les négations sans preuves, les sophismes, les paradoxes, les subtilités intéressées plus ou moins malhonnêtes, les railleries, les cris, les injures, etc.

Dédaignez ce bagage du charlatanisme et de l'ignorance; ne tenez compte que des arguments solides, des vérités robustes qui s'imposent à votre bon sens.

Mais parce qu'un peuple aura la passion du vrai, faudra-t-il
pour cela qu'il prenne l'aspect d'un convoi funèbre?

Non certes et ce sera précisément parce qu'il aura acquis le
sentiment de la mesure, qu'il saura faire un heureux mélange
d'utile et d'agréable ; il traitera toujours sérieusement les choses
sérieuses, respectera ce qui est respectable et après cela, libre
carrière à l'imagination ! Mais dans ses plus grandes folies, il
saura revenir à la raison, si une circonstance sérieuse vient à
surgir.

**L'homme en général, tend à dominer l'homme
pour l'exploiter et les instruments de domination
et d'exploitation par excellence, ce sont les religions.**

D'où il suit que les peuples doivent prendre leurs garanties
contre l'égoïsme, l'ambition et les perfidies possibles chez leurs
mandataires et que le progrès dans la voie de la justice au
moyen de l'instruction véritable et d'une saine éducation
générale, ne commencera qu'après la disparition des religions.

J'entends par éducation saine, l'éducation qui tendra à atté-
nuer sinon à effacer nos travers et nos défauts naturels et à
développer en même temps les heureux dons que la nature a
mis en nous.

Sur notre petite planète satellite d'un astre qui compte à
peine lui-même parmi les innombrables soleils qui peuplent
l'infini et qui probablement, sont habités par des êtres qui nous
sont aussi supérieurs que les corps qu'ils habitent sont supérieurs à la terre en splendeur et en étendue, sur notre petit
globe d'étagère enfin, il y a eu jusqu'à ce jour plus de mille
religions ou sectes différentes, il y en a encore aujourd'hui des
centaines.

Fétichisme, polythéisme, monothéisme, telles sont les
grandes divisions de l'histoire religieuse de l'humanité et voici
le catholicisme soi-disant monothéiste, malgré ses trois dieux,
qui retourne au fétichisme pur, car il adore plus de grigris,
plus d'amulettes, que les sauvages du centre de l'Afrique.

Voulons-nous savoir ce qu'il faut penser des prêtres en général?

Ecoutons-les se qualifier eux-mêmes et faisons notre profit
de leurs querelles.

De religion à religion, ils s'accusent tous mutuellement d'imposture.

Chaque clergé se dit, à l'exclusion de tous les autres, en possession de la vérité véritable à lui seul révélée par un être ou par des êtres imaginaires qu'il désigne par le mot « Dieu » ou par ses équivalents ; car les hommes qui, pour exploiter leurs semblables, ont inventé des centaines de religions, ont créé aussi des dieux innombrables qu'ils ont affligés de toutes les passions, de toutes les faiblesses qui sont l'apanage de l'humanité.

Ces dieux, ces croquemitaines vindicatifs et éternellement implacables sont destinés à effrayer les enfants grands ou petits et à leur soutirer par la crainte de l'enfer et au profit des prêtres, le peu de monnaie qu'ils pourront posséder.

Or, les peuples ignorants ne sont que des agglomérations plus ou moins considérables de grands et de petits enfants, donc pour augmenter sans cesse leur puissance et leurs richesses, les prêtres doivent maintenir avec un soin jaloux, les populations dans les ténèbres et leur faire descendre le plus bas possible l'échelle de l'abrutissement.

Le mot « Dieu » n'est qu'un terme convenu pour exprimer une simple hypothèse émanée de la folle du logis et si, cette supposition sans preuves, nous l'admettons comme vérité démontrée, nous nous engageons volontairement dans le domaine sans limites de la folie religieuse.

Mais si nous supprimons les dieux, me direz-vous, où placerons-nous donc l'origine des lois qui régissent les mondes innombrables dans l'infini ?

Quelle sera la source de la chaleur, du mouvement, de la vie ?

Je réponds bien humblement que je n'en sais rien, ce qui du reste, ne m'empêche pas d'en savoir tout aussi long sur ce sujet que tous mes confrères en humanité réunis.

Oui certainement, tout effet suppose une cause ; mais, parce que nous ignorons cette cause, est-il bien honnête d'en inventer une plus ou moins absurde et de la donner aux ignorants comme l'expression de la vérité, dans le but de battre monnaie avec leur crédulité ?

Au reste, si la nature nous a départi la raison, c'est évidemment pour que nous en fassions usage ; glorifions donc notre mère et conformons-nous à ses lois en cherchant la vérité et si les secrets les plus merveilleux doivent rester lettre close pour notre part d'intelligence, nos recherches du moins, seront certainement récompensées par des découvertes profitables au bien-être de tous.

Maintenant, où sera la vérité en matière religieuse, pour le malheureux dépourvu de l'intelligence et de la lumière nécessaires pour secouer le préjugé de la nécessité des religions ?

Ce sera généralement le hasard de la naissance qui le lui indiquera ; fils de Mahométan, il sera disciple de Mohamed, fils de Bouddhiste, il sera Bouddhiste, etc., et dans chacune de ces situations variées et contradictoires, il sera toujours dans le vrai..., ce qui est absurde.

Toutes les religions renferment un peu de bien qui sert à faire passer beaucoup de mal ; le bien est tiré de la morale vulgaire et couvre toutes les combinaisons destinées à soutirer la monnaie des crédules.

Conservons donc ce qui est bien, c'est-à-dire la morale laïque et répudions le reste.

Un homme intelligent, instruit et loyal examinera les religions diverses non pour rechercher quelle est la meilleure, mais pour constater combien elles sont toutes horribles devant le sens commun.

Obligé de faire son deuil des arguments sommaires et sans réplique de la sainte Inquisition (confiscation, cachot, torture, bûcher), le prêtre catholique, en présence de l'honnête et virile curiosité de la raison, en matière religieuse, essaiera d'abord de répondre au moyen de cette phraséologie creuse dont il a la spécialité, mais bientôt, furieux de l'atteinte portée à sa boutique et à son orgueil, il coupera court à une discussion impossible, au moyen de l'argument suprême de l'homme à bout d'arguments : au moyen de l'injure.

Faute de bonnes raisons en effet et par nécessité vitale de profession, les prêtres de tous les cultes deviennent des insulteurs incomparables.

Que faut-il conclure de tout cela ?

Je conclus :

Que toutes les religions se valent, qu'elles sont toutes également funestes,

Qu'elles doivent toutes leur origine à des ambitieux ou à des fous,

Qu'elles deviennent sans exception, entre les mains de leurs prêtres, des instruments politiques pour dominer et exploiter les peuples par l'ignorance et l'écrasement de la raison.

Nous constatons, enfin, qu'en tous lieux, les clergés divers pratiquent avec une sainte résignation, l'honnête et laborieuse devise : « Vivre grassement et sans rien faire, en spéculant sur la bêtise humaine. »

Je viens de dire que les religions ne supportaient pas l'examen, mais j'ai dit aussi plus haut que les affirmations et les négations sans preuves n'étaient pas des raisons.

Faisons donc rapidement la preuve de notre affirmation.

Quel est le but *apparent* de toutes les religions?

C'est d'inculquer à l'homme les deux croyances que voici :

1° Que son âme est immortelle,

2° Que le temps qu'il passe sur la terre n'est destiné qu'à lui fournir les moyens de mériter des jouissances ou des tortures éternelles.

Sur le premier point (immortalité de l'âme), que nous dit l'observation ?

Elle nous démontre que tout ce qui respire, après avoir surgi par la loi de la reproduction, grandit, dépérit, cesse de respirer et se décompose pour concourir à la reproduction de la vie,

Que partout la vie renaît de la mort,

Que rien ne se perd dans la nature,

Que nous ne pouvons pas comprendre l'anéantissement d'un grain de sable,

Que c'est par conséquent, la matière qui est éternelle.

Elle nous démontre aussi qu'au point de vue de l'intelligence, que le prêtre désigne par le mot « âme », nous ne sommes évidemment que des cerveaux plus ou moins bien organisés, plus ou moins bien portants, puisqu'il suffit d'un choc au crâne, d'un excès d'alcool, d'une syncope, etc., pour diminuer, suspendre ou même détruire, *de notre vivant*, notre faculté de raisonner,

Que, si l'âme était indépendante du corps, si celui-ci n'était qu'un instrument mis à sa disposition, elle ne subirait pas les vicissitudes de son outil,

Que c'est par conséquent, le cerveau qui produit la pensée.

Or, le cerveau est matière.

Donc, c'est la matière combinée d'après certaines lois, qui produit la pensée.

La décomposition de la matière cérébrale implique par conséquent, l'anéantissement de l'intelligence, de l'âme, si vous préférez.

Ajoutons pour terminer sur ce sujet, que si je suis dans le vrai, ceux-là sont dans l'erreur par conséquent, qui, pour désigner la matière et l'intelligence, disent « le physique et le moral ».

C'est évidemment « le physique et le physico-moral » qu'il faudrait dire, puisque le physique absent laisserait le moral à l'état de projet.

Passons maintenant à la deuxième base des religions : la récompense et le châtiment éternels.

Que nous disent les prêtres catholiques, pour ne parler que de ceux-là ?

Ils nous disent :

« C'est Dieu qui nous a faits.

» Dieu connaît l'avenir.

» Rien ne se fait sans la permission de Dieu. »

Est-ce que ces trois affirmations ne sont pas trois fois la négation de la raison d'être des religions ?

Car enfin :

Si Dieu nous a faits, il ne doit s'en prendre qu'à lui-même de nos imperfections ; nous ne pouvons, par conséquent, mériter ni récompense, ni châtiment.

Si Dieu connaît l'avenir, cet avenir est donc fatal, indépendant de notre volonté ; nous ne pouvons, dès lors, mériter ni châtiment, ni récompense.

Si, enfin, rien ne se fait sans la permission de Dieu, nous ne sommes donc que des instruments dans sa main ; c'est donc lui qui agit, et non pas nous ; mais alors pourquoi une récompense, pourquoi un châtiment pour des êtres passifs ?

Inutile, je pense, de pousser ma démonstration plus loin, et je clos ici la série des pensées que je voudrais retrouver dans le livre destiné à inaugurer le culte du vrai.

Je ferais, enfin, un troisième livre pour donner à chaque électeur les notions politiques élémentaires qui lui sont indispensables pour voter en connaissance de cause sur les grandes lignes de liberté et de justice.

Ce livre comprendrait :

Les droits de l'homme, le mécanisme gouvernemental, la signification des mots qui reviennent à chaque instant dans les conversations politiques, les conditions indispensables pour que la représentation nationale devienne une vérité, pour que le pays fasse réellement ses affaires lui-même, etc., etc.

Je me résume :

Pour éclairer le suffrage universel, je ferais donc trois livres, savoir :

Un livre pour enseigner l'histoire,

Un deuxième livre pour inaugurer le culte du vrai,

Un troisième livre pour donner à chaque électeur les notions politiques élémentaires qui lui sont indispensables.

Je remettrais ces trois livres entre les mains de chaque citoyen.

Mais, dira-t-on, qui lira ces livres, et surtout par combien de lecteurs seront-ils compris ?

Ici, je ferais intervenir pour le bien (une fois n'est pas coutume) la puissance de la centralisation, qui n'a servi jusqu'à ce jour qu'à favoriser l'exploitation du pays par une poignée de privilégiés.

Je ferais appel au patriotisme et à la bonne volonté de tous les républicains éclairés pour expliquer, pour faire bien comprendre le contenu de ces livres, dans les villes, dans les villages, dans les hameaux, dans les casernes, à bord des navires de l'État, dans les colonies, partout enfin.

Une conférence de deux heures chaque dimanche, soit cinquante-deux conférences dans une année.

Ne pensez-vous pas comme moi, qu'après deux ou trois ans d'un enseignement pareil, il pourrait nous être donné d'assister à un spectacle magnifique et sans précédent dans l'histoire de l'humanité, au spectacle d'un peuple tout entier initié à son histoire, au culte du vrai, à ses droits et à ses devoirs et désormais insatiable de progrès pacifique ?

A l'œuvre donc et qu'aux prochaines élections, tous les républicains instruits s'inspirent de ce mot d'ordre : « Eclairons le suffrage universel. »

Car, une fois encore et pour terminer, je le répète : **Si, pour faire l'éducation civique des enfants du peuple, nous comptons sur les résultats de l'école primaire; si nous attendons ensuite que le prolétaire aux prises avec les nécessités de l'existence, acquière PAR LUI-MÊME les connaissances indispensables à l'électeur, la dixième génération qui va suivre verra probablement le suffrage universel à peu près aussi ignorant qu'il l'est aujourd'hui.**

Donc, si nous voulons **réellement** que le peuple sache, instruisons-le.

VERUM.

Paris. — Imp. Balitout, Questroy et Cᵉ, 7, rue Baillif.

www.ingramcontent.com/pod-product-compliance
Lightning Source LLC
LaVergne TN
LVHW051016060726
842524LV00007B/2651